VOLTAIRE

CONSIDÉRÉ COMME HOMME DE SCIENCE

DISCOURS PRONONCÉ EN SÉANCE PUBLIQUE
DE L'ACADÉMIE ROYALE DES SCIENCES DE BERLIN
POUR LA FÊTE COMMÉMORATIVE DE FRÉDÉRIC II
LE 30 JANVIER 1868

PAR

E. DU BOIS-REYMOND

SECRÉTAIRE PERPÉTUEL DE L'ACADÉMIE

TRADUCTION DE

L. LÉPINE

REVUE PAR L'AUTEUR

PARIS

LIBRAIRIE INTERNATIONALE

15, Boulevard Montmartre, 15.

A. LACROIX, VERBOECKHOVEN ET Cie, ÉDITEURS

A BRUXELLES, A LEIPZIG ET A LIVOURNE

1869

VOLTAIRE

CONSIDÉRÉ COMME HOMME DE SCIENCE

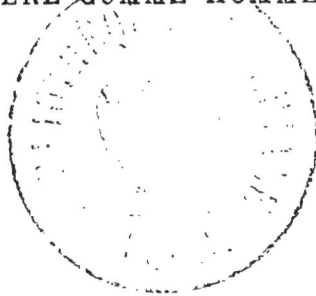

Bruxelles.—Imp. de A. Lacroix, Verboeckhoven et Cⁱᵉ, Boulev. de Waterloo, 42.

VOLTAIRE

CONSIDÉRÉ COMME HOMME DE SCIENCE

DISCOURS PRONONCÉ EN SÉANCE PUBLIQUE
DE L'ACADÉMIE ROYALE DES SCIENCES DE BERLIN
POUR LA FÊTE COMMÉMORATIVE DE FRÉDÉRIC II
LE 30 JANVIER 1868

PAR

E. DU BOIS-REYMOND

SECRÉTAIRE PERPÉTUEL DE L'ACADÉMIE

TRADUCTION DE

L. LÉPINE

REVUE PAR L'AUTEUR

PARIS

LIBRAIRIE INTERNATIONALE

15, Boulevard Montmartre, 15.

A. LACROIX, VERBOECKHOVEN ET Cie, ÉDITEURS

A BRUXELLES, A LEIPZIG ET A LIVOURNE

1869

VOLTAIRE

CONSIDÉRÉ COMME HOMME DE SCIENCE

Si dans le drame de l'histoire le personnage véritablement grand est celui qui ne jette pas seulement dans le monde une agitation passagère, mais qui y laisse le germe de créations qui prennent un développement toujours plus puissant; celui dont la figure grandit à nos yeux à mesure que nous arrivons à en mieux saisir les traits; celui enfin qui, plus il s'éloigne de nous dans le temps, semble toujours dominer davantage tout ce qui l'entoure, de même que ce n'est qu'à distance qu'on distingue les points culminants d'un massif de montagnes; si tel est bien le type de la vraie grandeur, il est peu d'hommes qui subissent ce contrôle avec plus de bonheur que Frédéric le Grand.

Les événements de l'année passée ont pleinement sanctionné le haut rang qu'il occupe dans l'histoire.

1.

La pensée à laquelle au fond de son cœur, il est permis de le supposer, aboutissaient ses projets d'avenir pour l'État qu'il venait d'établir sur une nouvelle base, la voilà près de se réaliser. Sa Prusse est devenue le centre autour duquel déjà toute l'Allemagne du Nord s'est ralliée en un solide corps, et c'est en vain qu'on essaierait de paralyser longtemps l'attraction puissante qu'elle exerce sur tous les éléments de commune origine. Déjà est filée la trame qui deviendra tôt ou tard un réseau indestructible, embrassant toute l'Allemagne. Le nouveau pavillon de l'Allemagne du Nord qu'ont arboré nos vaisseaux de guerre a proclamé aux confins du monde le nouvel essor du peuple allemand, et notre marine de commerce, depuis longtemps la troisième, mais relativement à l'étendue de nos côtes de beaucoup la première du monde, navigue désormais en sûreté. Cette cité des armes et de la science, de l'industrie et des arts, à qui sept artères de fer apportent le mouvement et la vie, et qui est montée au troisième rang parmi les capitales de l'Europe avec une rapidité sans exemple de ce côté de l'Atlantique, Berlin, depuis que le parlement de l'Allemagne du Nord a siégé dans ses murs, est salué déjà de l'étranger, la capitale de l'empire germanique.

Ce sont là des exploits de l'intelligence comme l'histoire en connaît peu. Car ce n'est pas le bassin fertile d'un grand fleuve, ni une région montagneuse, source de races vigoureuses, ni un continent à contours bien découpés, se projetant dans l'océan, ou, sous d'heureux climats, dans une mer intérieure; ce

n'est pas enfin une île prospère, qui cette fois a été
le berceau du nouvel empire. C'est dans une steppe
du Nord sur les bords d'une pauvre rivière qui se
traîne de marais en marais entre des collines de sable
où pousse le sapin, que la maison de Hohenzollern,
au milieu de combats avec les ennemis qui l'environ-
naient, et en temps de paix par un labeur guère
moins pénible, a formé ce peuple sérieux, tenace,
vaillant, mais avant tout indépendant dans le domaine de la pensée, peuple auquel, sous des chefs pa-
reils à ceux qui l'ont conduit naguère sur les champs
de bataille entre les Carpathes et le Rhin, la victoire
ne fera jamais défaut.

La Prusse eût pu sans doute succomber dans cette
lutte où l'existence même de l'œuvre de Frédéric
était en jeu, sans que celui-ci cessât de mériter le
titre d'un des plus grands capitaines et des plus
grands princes de tous les temps ; mais il n'en est
pas moins vrai que le triomphe définitif de la Prusse
qu'il avait préparé a été sa véritable apothéose. Les
individus, à la vérité, sont des grandeurs qui n'ont
pas de commune mesure ; et c'est la raison pour laquelle les parallèles de grands hommes sont en littérature un genre abandonné. Cependant la comparaison, qui seule donne la mesure des choses, est un
procédé si naturel à l'esprit humain, que même invo-
lontairement nos réflexions entrent toujours dans cette
voie. Quel fut des deux le plus grand joueur sur le
sanglant échiquier de la guerre, de Frédéric ou de
ce formidable rival dans presque tous les genres de
gloire qui lui succéda de si près sur la scène du

monde, le premier Napoléon? Qui fut des deux le plus fin à battre les cartes de la diplomatie, le fondateur d'empires du plus admirable talent? Auquel des deux le jugement le plus juste et le plus prompt? Et quel fut le plus grand poëte, Frédéric dans ses épîtres en vers ou Bonaparte dans ses ordres du jour? Qui des deux la nature doua-t-elle du plus haut génie et qui fut le mieux placé pour utiliser ses faveurs, celui qui naquit dans la pourpre ou le fils de la Révolution? Ce sont là des questions sur lesquelles la discussion n'est jamais close : mais que les batailles de Chodowiecki ou les batailles de Charlet aient frappé nos premiers regards, que *Lénore* ou les *Souvenirs du peuple* aient été chantés à notre berceau, voilà ce qui dicte le plus souvent notre réponse! Néanmoins de même qu'en hauteur morale le héros de race latine est incontestablement dépassé par le roi allemand, il le lui cédera désormais encore pour la portée de son action développée dans l'histoire : Napoléon a réussi à fonder une nouvelle dynastie; mais Frédéric, nous en sommes sûrs aujourd'hui, sera pour la postérité le fondateur du nouvel empire germanique.

L'Académie qui revendique le privilége glorieux de se sentir plus étroitement liée au grand roi que tout autre corps de l'État, je fais à peine une exception pour l'armée, l'Académie ne peut pas laisser passer le jour consacré dans cette enceinte à la mémoire de Frédéric sans donner un interprète au sentiment de légitime orgueil avec lequel elle voit une grandeur nouvelle assurée à notre cité comme à notre patrie sur le fondement que Frédéric en a posé. Mais quelque joie qu'elle ressente de voir dans tout l'éclat d'une gloire nouvelle le souverain et le héros, gloire bienfaisante dont elle recueille aussi quelques rayons, c'est pourtant loin des champs de bataille et en dehors du cabinet qu'elle préfère contempler le grand prince à la faveur duquel elle a dû une seconde fois la naissance : c'est, comme son rôle et son esprit l'y invitent, dans son commerce avec les grands écrivains et les grands savants de son temps ; elle se plaît à l'aller trouver en pensée aux beaux jours de Rheinsberg, à évoquer les figures de ses illustres hôtes et amis sur les terrasses parfumées d'orangers, sous les charmilles de Sans-Souci.

Or parmi ces personnages, il n'en est point qui ait eu sur Frédéric une influence plus marquée et qui ait joué d'ailleurs un rôle plus considérable que Voltaire. De plus, la manière dont son histoire est mêlée à celle de cette Académie nous autorise bien en ce jour et à cette place à lui consacrer une nouvelle étude : c'est la première fois depuis que Frédéric, il y a quatre-vingt-dix ans maintenant, fit lire l'éloge qu'à la mort de son ami il avait composé pour lui sous sa tente, dans son camp de Bohême, pendant la guerre de la succession de Bavière.

Pour qui songe à cette célébrité prodigieuse de Voltaire qui remplit son siècle, et qui finit par faire de lui une puissance, à cette gloire dont, de nos jours, celle d'Alexandre de Humboldt peut tout au plus donner une idée, et pour qui la compare au discrédit dans lequel Voltaire est tombé pendant la première

moitié de ce siècle, il se présente un double pro-
blème d'un haut intérêt pour l'histoire des lettres et
des mœurs ; il faut chercher le secret de ce revirement
de l'opinion, et, de notre point de vue actuel, déter-
miner de nouveau la vraie valeur et l'influence qu'on
doit reconnaître à cet homme extraordinaire. Sa
poétique surannée, son esthétique à courte vue, sa
philosophie sans profondeur, les faiblesses trop connues de son caractère, tout cela ne suffirait pas à
expliquer complétement qu'il ait inspiré si peu d'intérêt et imposé si peu de respect au plus grand
nombre d'entre nous. La vraie cause pourrait bien
être, quoique cela semble un paradoxe, que nous
sommes tous plus ou moins voltairiens ; voltairiens
sans le savoir et sans en accepter le nom ; car nous
n'empruntons à sa doctrine que la part d'éternelle
vérité qu'elle contient, et, comme l'a finement fait
remarquer Voltaire [1], « c'est le privilége de l'erreur
de donner son nom à une secte. » Son triomphe fut
si complet que ces biens de l'esprit pour lesquels d'un
bout à l'autre de sa longue carrière il combattit
avec un zèle infatigable, un dévoûment passionné,
usant tour à tour de toutes les armes de l'intelligence, et entre toutes, de son infernale plaisanterie,
que la tolérance, la liberté de pensée, les droits de
l'homme sont devenus les éléments naturels de notre
vie, de même que l'air auquel nous ne pensons que
lorsqu'il vient à nous manquer. En un mot, ces
vérités qui jaillissaient de la plume de Voltaire
comme autant de traits d'audace, ne sont plus que
des lieux communs pour nous.

Mais je ne puis songer ici à soumettre Voltaire à
une appréciation générale, car comme Gœthe il
s'est essayé dans presque tous les genres de produc-
tion intellectuelle, et il a touché presqu'à tous les
domaines de l'activité pratique. Je voudrais seulement présenter Voltaire sous une face peut-être
moins connue parmi nous, c'est à dire comme homme
de science et naturaliste. S'il n'a pas eu dans ce domaine le mérite de frayer une voie que lord Brougham [2], Thomas Buckle [3] et Ludwig Hæusser [4] lui
reconnaissent comme historien pour avoir créé l'histoire des mœurs, du moins est-il assez piquant de voir
son talent s'exercer dans une sphère qui lui semble
être si étrangère; et d'ailleurs ce serait une grande
erreur de ne prendre ces études de Voltaire que
comme un épisode fortuit de sa vie, car elles sont
bien au contraire un des éléments essentiels du
développement de son individualité intellectuelle.

Au même temps où Frédéric se préparait dans
le silence de Rheinsberg à ses futurs exploits, où
sous les noyers des Charmettes madame de Warens
et son amant se complaisaient dans cette étrange
idylle dont le pinceau enchanteur de Rousseau ne
réussit pas complétement à ennoblir le tableau,
où à Francfort une petite fille, plus tard la mère de
Gœthe, commençait à tricoter, où à l'ancienne école
de Schulpforta un petit garçon, plus tard le poëte
de la Messiade, apprenait à scander, au même
temps Voltaire et madame du Châtelet son amie,
se dérobant au tourbillon de Paris, se réfugiaient
à Cirey en Champagne, au château de la mar-

quise, pour se plonger dans la poésie, la philosophie et l'histoire. Madame du Châtelet est, comme on sait, une des rares personnes de son sexe qui ait possédé à fond les mathématiques de son temps. Encore enfant, elle avait appris le latin en une année. L'admiration que son talent inspire, sinon ses mœurs, redouble encore lorsqu'on songe que bien loin de ressembler à cette Hypathie d'Alexandrie, à Laura Bassi ou à Sophie Germain, elle ne voulait se distinguer des autres dames de la cour de Versailles ou de Lunéville que par sa facilité à trancher par les mathématiques les différends qui s'élevaient à la table de jeu. Elle jouait la comédie à ravir, avait une voix divine et montait à cheval en fougueuse amazone [5]. Il est bien naturel que le commerce intime avec la « docte Émilie » et l'atmosphère de Cirey, où se rencontraient Samuel Kœnig, Clairault, Maupertuis, Jean Bernoulli, aient inspiré à Voltaire le goût des sciences mathématiques et physiques : ajoutons, comme madame de Grafigny nous l'apprend, que pour entretenir Voltaire dans ces bonnes dispositions, la marquise mettait sous clef le manuscrit du *Siècle de Louis XIV*, pour empêcher son ami de perdre le temps à de pareilles bagatelles. Quoi qu'il en soit, ces influences extérieures le trouvèrent si bien préparé qu'il fut même en état de réagir dans le même sens sur son entourage, et d'une manière considérable.

Lorsqu'en 1726, après l'odieux guet-apens qui rend le nom de Rohan-Chabot aussi immortel que celui d'Éphialte, Voltaire se rendit en Angleterre, les doctrines de René Descartes régnaient encore en France presque sans contradiction. En brisant les entraves de la scolastique, ce hardi penseur avait fait un dangereux présent à son siècle qui n'était pas mûr pour ces libertés, et bien plus, ce n'était pas un bon exemple que celui qu'il avait donné de l'usage qu'on en devait faire. L'inventeur de la méthode avait été le premier à la négliger. Autant dans les mathématiques, où la nature du sujet mettait un frein à son imagination, ses succès étaient éclatants, autant ses écarts étaient étranges dans le domaine de la physique, dès qu'il quittait le terrain ferme de l'expérience. Pour rendre compte de la constitution de la matière, de la nature de la pesanteur et de la lumière, des taches du soleil, du flux et du reflux et de mille autres phénomènes, il se permet naïvement les hypothèses les plus aventurées, comme par exemple celle de la matière cannelée par le tourbillonnement de laquelle il explique les propriétés de l'aimant. Mais une fois sa victoire sur les dogmes péripatéticiens décidée, ce système jouit à son tour d'une faveur aussi inconsidérée et non moins opiniâtre. Fontenelle, le « secrétaire éternel » de l'Académie de Paris, s'inclinait encore devant les doctrines cartésiennes jusque dans son éloge historique de Newton. Il avait, en outre, donné dans ses *Entretiens sur la pluralité des Mondes* (aujourd'hui aussi oubliés que sa comédie empruntée à Phlégon dont Gœthe tira probablement le sujet de sa *Fiancée de Corinthe*) [6], un exposé de la théorie à la portée des gens du monde. C'est ainsi qu'elle régnait à l'Académie, à la cour et à la ville; et les jésuites auxquels toute l'instruction était confiée juraient par Descartes, comme ils avaient juré par Aristote quelque temps auparavant.

En attendant, au point de vue de la marche des idées, l'Angleterre avait devancé la France de près d'un siècle. Cela paraît être une loi du développement intellectuel des peuples, loi qui se vérifie plus ou moins pour la Grèce, Rome, l'Italie, l'Angleterre, la France et l'Allemagne, qu'une nation produit d'abord ses poëtes, en second lieu ses philosophes, en dernier ses hommes de science. La période d'éclat de l'Angleterre dans la philosophie naturelle avait donc précédé celle de la France de l'intervalle qui sépare Shakspeare de Racine et de Molière, et au temps dont nous parlons la physique mathématique, pour les principes du moins, avait déjà atteint avec Newton toute sa perfection. Le 28 mars 1729, six comtes et ducs portaient à Westminster le cercueil du grand homme, et pour Voltaire, qui en aurait pu être spectateur, cette pompe offrait un singulier contraste avec ce qu'il savait déjà de la situation d'un auteur en France vis-à-vis de l'aristocratie : il y en avait un autre et non moins tranché entre la synthèse aux allures gigantesques des *Principia philosophiæ* qui était encore toute-puissante de l'autre côté du détroit et l'esprit d'analyse sage et résigné, tel que dès longtemps les *Principia mathematica* l'avaient implanté en Angleterre.

L'impression profonde que Voltaire en ressentit ressort des *Lettres philosophiques* qu'il écrivit d'Angleterre. Le séjour qu'il fit dans ce pays exerça sur son esthétique et ses idées politiques une influence féconde : et, de plus, il revint en France ardent apôtre de Locke et de Newton. Gagnée par lui à Newton, madame du Châtelet traduisit les *Principes* et en fit avec l'aide de Clairault un commentaire algébrique, travail qui occupait justement, à la même époque, à Rome les deux minimes français, Jacquier et Le Seur [7]. Quant à Voltaire lui-même, il ne paraît pas avoir pensé à prendre la plume pour ces matières de science, jusqu'au jour où le jeune Vénitien Algarotti, qui jouit plus tard de l'intimité de Frédéric, lut à Cirey un dialogue, *Il Newtonianismo per le donne*, écrit dans le style des *Mondes* de Fontenelle. Dès lors Voltaire s'engagea, de son côté, à combattre en France pour les doctrines newtoniennes ; ce fut là l'origine de ses *Élémens de la philosophie de Newton* [8], jadis si célèbres.

Ce livre n'est pas un abrégé des *Principes*, dont Voltaire, du reste, n'a guère sondé les profondeurs, mais un exposé original des découvertes de Newton en optique et en astronomie. Il mit en tête des éditions postérieures un examen critique des systèmes de Descartes et de Leibnitz en opposition avec les théories de Locke et de Newton. L'exposition de Voltaire est habile et lumineuse : la langue, dans sa simplicité sans ornements, est en parfaite harmonie avec les hautes verités qu'il annonce. Un trait dénote la nouveauté suspecte dont elles étaient pour beaucoup d'oreilles : c'est que le chancelier d'Aguesseau, fin lettré mais faible caractère, refusa le privilége. Les *Élémens* parurent pour la première fois, il y a cent trente ans, dans les Pays-Bas, où la force d'expansion volcanique captive en France est allée si souvent chercher une issue.

Sur ces entrefaites, la doctrine newtonienne avait pris pied à l'Académie même, dont plusieurs jeunes membres, La Condamine et Bouguer, Maupertuis et Clairault entreprenaient pour l'étayer, l'importante mesure du degré du méridien au Pérou et en Laponie; car, comme Condorcet en fait l'aveu, « pour que le système de Newton s'établît en France sans contradiction, il fallait qu'une opération d'éclat vînt le confirmer, il fallait surtout que des Français en eussent l'honneur [9]. » Mais, en présence de la toute-puissance de la cour et de la noblesse, de l'influence des femmes et des petits abbés qui donnaient souvent le ton aux salons et aux cercles littéraires, c'était beaucoup pour le succès de l'une ou de l'autre théorie de gagner leur adhésion, et la victoire de Newton sur Descartes ne fut en France un fait accompli que du jour où les *Élémens* de Voltaire eurent chassé les *Mondes* de la toilette des dames. C'est ainsi, chose étonnante, que le poëte de *la Henriade*, de *Mahomet* et de *Candide* a l'un des premiers exprimé en français et popularisé les idées de gravitation universelle, d'inégale réfrangibilité de la lumière, et en balayant l'amas d'erreurs qui l'encombraient, frayé la route aux d'Alembert, aux Coulomb et aux Lavoisier [10].

Mais, une fois entré dans cette voie, Voltaire n'en resta pas à vulgariser les œuvres d'autrui. Au nombre des idées hardies que Descartes avait jetées dans

la science malheureusement sans les prouver, il se
trouvait celle-ci que « Dieu conserve égale la quantité du mouvement aussi bien que celle de la matière
en l'univers. » C'était là, si l'on ne veut pas en faire
l'honneur à Épicure, le germe de cette théorie qui,
de nos jours après deux cents ans, a été proclamée
par M. le docteur Jules Robert Mayer d'Heilbronn
et M. Helmholtz, comme le principe suprême de la
physique transcendante, et qui a exercé une si puissante influence sur le monde moderne des idées. Sous
sa forme actuelle, cette théorie embrasse toutes les
métamorphoses de la matière dans le passé, le présent et l'avenir. Elle nous découvre l'origine du système planétaire et de la chaleur solaire et menace
notre avenir d'un âge de glace éternelle, jugement
dernier reculé mais inexorable. Elle nous apprend
que la lumière de ce lustre, la puissance de la lo-
comotive, la violence et le fracas de la chute du Nia-
gara, la force irrésistible du glacier en marche, la
vigueur de nos muscles et jusqu'aux ondes sonores
auxquelles nous donnons naissance ne sont autre
chose que la lumière solaire transformée. Énoncer
cette théorie, c'était indiquer son but à la physique
transcendante ; et cette science ne peut pas prétendre
à mieux, vu les bornes de l'esprit humain, qu'à étayer
la théorie par de nouveaux faits et à lui donner les
développements qu'elle comporte.

Voltaire prit part aux débats que dès l'abord cette
idée fit naître. Descartes avait commis la faute de
prononcer la constance de la somme du mouvement
de l'univers, tout en égalant la quantité du mouve-

2.

ment au produit de la masse par la vitesse. Leibnitz corrigea cette erreur dans les *Acta Eruditorum* de 1686 (Leipzig) en substituant, dans la mesure des forces, à la vitesse la hauteur de la chute qui l'a produite [11], ou bien, comme il s'exprimait plus tard [12], le carré de la vitesse, et en n'attribuant plus la constance à la somme du mouvement, mais à celle des forces de l'univers. Depuis Leibnitz les géomètres étaient demeurés partagés en deux camps, dont l'un soutenait la mesure des forces de Descartes, l'autre celle de Leibnitz, et ce ne fut qu'en 1743 que d'Alembert, dans son *Traité de Dynamique*, mit fin au scandale de ce schisme dans la science infaillible entre toutes, en démontrant qu'il ne s'agissait au fond que d'une querelle de mots [13]. Newton lui-même, à la fin de son *Optique*, tout en acceptant pour exacte la mesure de Descartes, avait rejeté son idée de la constance du mouvement sans faire mention de l'amendement de Leibnitz [14]. Or, tout traducteur de Newton qu'elle était, madame du Châtelet avait des opinions personnelles assez arrêtées pour que dans ses *Institutions physiques*, destinées à son fils, et dans une lettre à Mairan, elle se soit décidée en faveur de Leibnitz et de Bernoulli pour le carré de la vitesse dans la mesure des forces [15]. Voltaire montrait une indépendance d'esprit encore plus grande, mais un jugement moins sûr en prenant parti pour Descartes, dans une *Exposition* du livre de madame du Châtelet, à laquelle pourtant il était si étroitement attaché, souvent même si assujetti [16]. Dans le mémoire adressé l'année suivante (1741) à l'Académie de Paris, « Doutes sur la mesure des forces motrices », dont Pitot et Clairault firent un rapport favorable [17], il développa ses arguments contre Leibnitz et réfuta la théorie de la constance des forces par la raison qu'il y a de la force absorbée dans le choc des corps non élastiques et qu'il s'en développe chez les animaux : objection à laquelle il était alors difficile de répondre, puisque, pour y parvenir, il fallait encore un siècle des recherches les plus approfondies [18]. Descartes, fidèle à sa coutume, avait basé sa théorie de la constance du mouvement sur cet argument tout théologique qu'il convenait à la perfection de Dieu, non pas seulement d'être immuable en sa nature, mais en même temps d'agir d'une manière aussi constante et aussi invariable que possible. Voltaire répond en demandant en quoi il convenait moins à la perfection divine de maintenir constantes les espèces et les figures dans la nature.

Ainsi donc Voltaire, obéissant à son instinct sceptique toujours dirigé vers le réel et le palpable des choses, a méconnu à son aurore le plein jour de la vérité qui nous éclaire. Toujours en reste-t-il un tableau fait pour surprendre : qu'on s'imagine cette galerie que Voltaire avait fait adosser au vieux château délaissé, princièrement décorée dans le style auquel il laissa son nom, et dont les lambris, les papiers des Indes et l'ameublement nous ont été presque aussi fidèlement dépeints par le caquetage de madame de Grafigny, que l'a fait pour le cabinet de Humboldt le pinceau de M. Hildebrandt; où pend enfin à côté du portrait de la marquise, celui du

prince de Prusse récemment apporté de Rheinsberg :
là, au milieu des livres et des instruments, après
souper quand les bougies sont à demi consumées,
Voltaire et madame du Châtelet, Bernoulli et Maupertuis se livrent autour de la table sur la constance
et l'inconstance des forces à des discussions inter-
minables, jusqu'à ce que Voltaire, cédant au nombre, mais du seuil qu'il quitte décochant encore la
flèche du Parthe, finisse par battre en retraite.

Entre la théorie de la chaleur et celle de la constance des forces on reconnaissait déjà une sorte de
rapport, puisque l'on se demandait d'où la force
provenait dans le cas d'un incendie allumé par une
étincelle. Ce fut la raison, comme le raconte Nollet,
qui décida l'Académie de Paris à mettre au concours pour 1738 la question : « De la nature du feu
et de sa propagation [19]. » Branle-bas général à Cirey
à cette nouvelle. Voltaire se décide à concourir pour
le prix, et à son insu la marquise essaye de le lui
disputer. Mais ni l'un ni l'autre pourtant ne devait
remporter la victoire : le prix fut partagé entre
trois autres candidats, dont l'un n'était autre que
Léonhard Euler lui-même, alors à son premier séjour à Saint-Pétersbourg. Lui céder le pas n'était
pour ainsi dire pas une défaite : d'ailleurs Voltaire
et son amie obtinrent tous deux une mention hono-
rable, et l'Académie imprima leurs travaux à la
suite de ceux des trois lauréats, tandis que près de
vingt-cinq autres dissertations restèrent dans l'om-
bre [20]. Il y a plus : bien que le jury du concours
comptât parmi ses membres des hommes comme

Réaumur et Dufay [21], les progrès de la science ont promptement montré que Voltaire, mieux que Euler, avait mérité le prix, mieux, à plus forte raison, que les deux autres. L'un de ceux-ci, le jésuite Lozeran de Fiesc, dit que « le feu est un mixte composé de sels volatils ou essentiels, de soufre, d'air, de matière éthérée, communément mêlé d'autres substances hétérogènes, de parties aqueuses, terrestres, métalliques, et dont les parties désunies sont dans un grand mouvement de tourbillon. » Cette dernière phrase trahit le Cartésien ; le troisième travail couronné, celui du comte de Créquy, est inspiré des mêmes doctrines, et cela suffit pour expliquer le succès des deux. Dans la *Dissertatio de Igne* d'Euler, on ne trouve également que de la spéculation dans l'esprit de l'ancienne physique ; d'après lui les molécules des corps inflammables renferment la matière du feu, d'ailleurs différente de l'éther, comme des ampoules de verre contiennent de l'air fortement comprimé ; qu'une ampoule vienne à crever, le même phénomène va se propager aussitôt sous l'impulsion de l'air qui s'échappe et des éclats qui jaillissent de tous côtés. A la fin de son travail, sans l'amener autrement, Euler donne une formule pour la vitesse des ondes dans les milieux élastiques. Bien qu'en dehors de son sujet et même inexacte, puisque appliquée à l'air elle s'accorde avec l'expérience sans l'intervention du facteur de Laplace, et bien qu'abandonnée plus tard par son auteur [22], il semble que ce soit cette formule qui ait enlevé les suffrages [23].

Voltaire aborda la question d'une tout autre manière. A Cirey, il s'était entouré de tous les appareils de physique et de chimie et de toutes les ressources techniques en un mot qu'on avait en ce temps-là [24]. Un laboratoire et une chambre obscure étaient en construction. Si bien que le cas échéant, ce n'était pas d'un chant de la *Pucelle*, mais d'une expérience de physique que les hôtes de madame du Châtelet recevaient le divertissement ; et le premier, du moins en France, il a institué une expérience qui n'était pas sans importance, et que Newton même ne semble avoir fait qu'indiquer [25] : il vérifia que la réflexion totale subsiste encore lors même que la surface réfléchissante n'est pas au contact de l'air, mais du vide [26].

Il se mit donc alors, tout comme le ferait un expérimentateur moderne, à rechercher la nature du feu, en se servant du thermomètre de Réaumur qui venait seulement d'être décrit, du pyromètre de Musschenbroek [27], et surtout de la balance : car les opinions étaient encore partagées sur la question de la pondérabilité de la chaleur. Aux expériences de Boerhaave qui prenant du fer au rouge et à la température ordinaire lui avait trouvé dans les deux cas le même poids, on opposait celles de Duclos et de Homberg, dans lesquelles la calcination des métaux avait amené une augmentation de poids ; et Boerhaave ne savait interpréter ce phénomène que par l'introduction dans la masse du métal calciné de quelques fragments enlevés par frottement à la spatule qui servait à remuer. Voltaire renouvela les expériences de Boerhaave dans de grandes proportions. Dans une fonderie située vraisemblablement dans la ville voisine, à Chaumont, il fit remplacer par des chaînes de fer, d'après les instructions de Boerhaave, les cordes de la balance auxquelles les plateaux étaient suspendus, pour n'être pas trompé par leur desséchement [28], et il y pesa jusqu'à deux mille livres de fer rouge, puis refroidi; et jusqu'à cent livres de fonte en fusion, puis à la température ordinaire. Après toutes sortes d'hésitations il finit par trouver la chaleur impondérable; mais comme il la regardait comme identique à la lumière qui, d'après Newton, était attirée par les corps, il laisse à décider si elle ne posséderait pas un poids très faible, alors même qu'il est inappréciable. Avec une perspicacité étonnante et qui devançait de beaucoup son siècle, il explique l'augmentation de poids dans la calcination des métaux par l'addition d'une matière tirée de l'air qui à ses yeux n'était pas un élément, mais un mélange de vapeurs. D'après Voltaire la chaleur doit ses effets au mouvement dont elle est animée : elle fait équilibre à l'attraction des molécules, amène les corps à l'état liquide, donne à l'air son élasticité, enfin détruit les corps lorsqu'elle est trop intense. Au sujet de la propagation de la chaleur, Voltaire a fait des expériences nombreuses dans lesquelles il a mesuré les temps que mettaient différents corps à recevoir d'une même source de chaleur une température donnée. Au point où en était la science, cela ne pouvait conduire à rien; mais en posant un fer rouge entre deux fers entièrement semblables, et en montrant que ceux-ci s'échauffaient également, quelle que fût d'ailleurs leur position respective, il démentait au moins la fable d'après laquelle la chaleur tendrait naturellement, soit à monter, soit à descendre. Il fit même des expériences en grand sur la propagation de l'incendie dans les forêts, vraisemblablement dans celles de la marquise. Mais ce qu'il trouva de plus remarquable, c'est ce fait qu'en mélangeant, à des températures différentes, d'égales quantités de liquides différents (huile, eau, vinaigre), on n'obtient pas la température moyenne.

Ainsi donc, tout comme Voltaire, en poursuivant ses vues sur la calcination des métaux et la nature composée de l'air, eût pu arriver à la découverte de l'oxygène et de l'oxydation, de même encore il touche ici au seuil d'une autre, celle de l'inégale capacité des corps pour la chaleur. Pourvu qu'on sache se reporter, ce qui suppose un certain travail, au temps où, comme Condorcet en fait la remarque, la doctrine de Stahl était encore absolument inconnue en France, en d'autres termes, où en chimie le règne du fameux phlogistique n'y avait pas même encore commencé, on ne pourra refuser son admiration à ces travaux de Voltaire, et l'on partagera le sentiment de lord Brougham, qui a dit de lui qu' " en poussant plus loin ses études de philosophie naturelle, il aurait, selon toute apparence, inscrit son nom parmi ceux des plus grands inventeurs de son siècle. »

Madame du Châtelet avait assisté aux expériences de Voltaire. Vraisemblablement, quelques diver-

gences d'opinion, qui n'ont plus pour nous d'importance, la décidèrent à concourir pour son propre
compte et en se cachant de Voltaire. Elle écrivit
son Mémoire en huit nuits ; elle ne dormait qu'une
heure, et se mettait les mains dans de l'eau à la glace
pour triompher de son horrible fatigue. Le soupçon
d'une main étrangère lui venant en aide dans ses
travaux se trouvant ainsi exclu cette fois-ci, le Mémoire en question nous fournit une preuve irrécusa-
ble de la vigueur de pensée et du savoir de cette
femme remarquable [29]. Elle aussi fut bien inspirée.
Elle émet l'idée que les différentes couleurs du
spectre doivent être douées d'un pouvoir calorifique
différent, et que les rayons rouges échauffent davantage que les violets, les jaunes que les bleus, ce
que Rochon prouvait être la vérité quarante ans
plus tard [30].

Nombre d'écrits de Voltaire, sur des sujets ap-
partenant aux branches les plus différentes de la
science de la nature, se trouvent dispersés dans le
Dictionnaire philosophique [31] ou ailleurs : d'autres
sont recueillis dans les *Singularités de la nature*, qui
ont paru il y a cent ans. A côté d'une parfaite connaissance des choses, qui témoigne à mainte reprise
de la prompte et sûre conception que Voltaire avait
de la nature, il règne dans tous ces travaux l'instinct du sceptique, qui ne s'en rapporte à aucune
autorité, qu'au témoignage de ses propres yeux,
esprit que nous avons déjà eu l'occasion d'appré-
cier : c'est celui du savant moderne, qui ne fait
jamais difficulté d'avouer qu'il ne sait pas, et de

reconnaître les bornes imposées à son intelligence : « Car, dit Voltaire, le doute doit être souvent en physique ce que la démonstration est en géométrie, la conclusion d'un bon argument. » Le plus souvent cet instinct lui porte bonheur ; mais il arrive aussi quelquefois, comme nous en déjà vu un exemple, que par ses prétentions exagérées à l'évidence palpable il s'interdit l'accès de mystères plus profonds, ce dont il prend alors occasion pour se permettre des plaisanteries déplacées. C'est ainsi qu'il a contesté la nature animale des hydres, que Trembley soutenait ; qu'en dépit du potier de génie de la Renaissance, Bernard Palissy, il n'a voulu voir dans les pétrifications que des formations accidentelles, ou du moins a méconnu leur origine [32]. Mais s'il s'exposa sur ce point à recevoir une leçon de Buffon ; par contre il sut éviter le piége de la génération spontanée [33], dans lequel les expériences de Needham, victorieusement réfutées par Spallanzani, avaient fait tomber Buffon. Ce fut encore pour Spallanzani que prit parti Voltaire dans le débat où il affirmait la reproduction de la tête chez les colimaçons auxquels on l'avait coupée. Voltaire renouvela l'expérience à trente-deux reprises : deux fois il vit renaître la tête, cas où, comme les expériences de Tarenne le montrent, il doit ne pas avoir lésé le collier nerveux circum-œsophagien [34]. Voltaire a porté jusque dans la médecine les lumières de son esprit clair et pratique. Il fut le premier à recommander à ses compatriotes l'inoculation de la petite vérole, dans ses *Lettres philosophiques*, écrites d'Angleterre, pays où l'inoculation avait été, comme on sait, apportée de l'Orient. Pourtant, il s'écoula encore un quart de siècle jusqu'à ce que La Condamine réussit à la faire accepter en France dans la généralité du public.

Si maintenant nous mettons en parallèle la somme des travaux de Voltaire, dans les sciences physiques et naturelles, avec ceux de Gœthe, nous trouvons un curieux contraste. Gœthe n'avait évidemment pas le moins du monde l'intelligence de la mécanique, et, par conséquent, il ne pouvait se douter non plus de ce que c'est que la physique mathématique : il combattit la moitié de sa vie contre sa méthode et en particulier contre ses résultats en optique. Pour qu'il pût comprendre une grandeur intellectuelle comme celle d'un Newton, c'est un sens qui lui faisait défaut. Mais en morphologie, par son intuition puissante, il a fait des découvertes d'une importance durable. La *Théorie des couleurs*, si elle n'était pas de Gœthe, serait depuis longtemps oubliée : mais la découverte de l'os intermaxillaire, la théorie des vertèbres crâniennes, celle de la métamorphose des plantes auraient attaché la gloire à son nom, lors même qu'il n'eût été déjà glorieux. Voltaire, dans son admiration idolâtre pour Newton, est en contradiction flagrante avec Gœthe, ce qui lui a attiré sur ce point toute la colère de ce dernier, son profond admirateur pour tout le reste. Avec une vigueur d'esprit étonnante, Voltaire a pris possession du domaine des sciences naturelles dans toute l'étendue qu'il avait à cette époque, et si les mathématiques pures restèrent pour lui lettre close [55], du moins ne peut-on pas nier qu'il ait saisi l'esprit de la physique mathématique et possédé la méthode inductive. Le physicien moderne ne peut s'empêcher de reconnaître en lui un prédécesseur qui a marché dans la même voie ; il est vrai qu'il n'a pas obtenu par lui-même des résultats d'importance et que dans ses constructions théoriques il n'a pas toujours été également heureux.

Un des critiques français les plus fins et les plus spirituels, M. Sainte-Beuve, ne veut voir autre chose dans les études mathématiques et physiques de Voltaire qu'« une excursion fort inutile », commandée par l'influence de Cirey, « et qui allait devenir une fausse route » ; le seul fruit qu'il en aurait retiré serait ces quelques vers réussis sur la décomposition de la lumière que Biot se plaisait à citer dans ses leçons [56]. J'ai déjà donné à entendre qu'un pareil jugement ne me paraît pas fondé. Chez une nature mal équilibrée comme celle de Jean-Jacques, il est peut-être permis de croire que le dilettantisme dont il s'est pris pour la botanique n'était fait que pour le distraire et pour donner le change à ses sombres humeurs ; et encore faut-il se demander si ce penchant chez lui n'était pas au fond allié à ce sentiment des beautés de la nature que Rousseau a implanté dans la littérature moderne. Mais un homme d'une seule trempe comme Voltaire, dont la vie, comme une de ses tragédies, est dominée d'un bout à l'autre depuis la visite à Ninon, l'Aspasie de la Fronde, jusqu'à la représentation d'*Irène*, presqu'à la veille de la Révolution, par l'unité de l'action, un tel homme n'a pas dans son caractère des traits superficiels, ou des pièces de rapport que l'on en puisse indifféremment détacher.

Ce serait, à mon avis, méconnaître la place que les sciences naturelles ont prise dans la vie de Voltaire que de la chercher seulement dans l'influence que ses connaissances scientifiques exercèrent sur lui, bien que cette influence se soit étendue plus loin que M. Sainte-Beuve ne paraît l'admettre. Est-il vrai qu'elles n'ont fait que le rendre capable de ces expositions de doctrines en vers dans le goût de celles de Pope, et comme Gœthe y réussit plus tard beaucoup mieux, ou qu'elles lui ont seulement fourni la matière de comparaisons savantes, comme on en trouve déjà dans Shakspeare et Milton [37]? Sans ces connaissances, Voltaire n'aurait pas pu écrire contre le président de cette Académie, son ancien ami Maupertuis, ce sanglant libelle qui fut fatal à ses bons rapports avec Frédéric et par là influa puissamment sur ses destinées. Elles furent pour lui la base de sa théologie naturelle et son inépuisable arsenal dans la double lutte qu'il soutint jusqu'au dernier soupir contre l'athéisme et contre l'orthodoxie. Si les lois éternelles de la nature furent ses armes contre la croyance aux miracles dans l'histoire sacrée comme dans l'histoire profane, d'un autre côté il put opposer à l'*Homme machine* et au *Système de la nature*, le bouclier en apparence si solide de la téléologie.

Mais, comme nous l'avons dit, ce détail, que Voltaire s'est acquis des connaissances dans les sciences naturelles et les a fait tourner au profit de ses desseins de poète, de philosophe et de polémiste, n'est pour nous ici que d'un intérêt secondaire. Bien loin de n'avoir trouvé dans ses travaux de physique et de mathématiques qu'un divertissement passager, il semble, au contraire, comme saturé de l'esprit de ces sciences depuis son séjour en Angleterre et à Cirey ; c'est cet esprit qui fit de lui un partisan de l'empirisme de Locke, et dont il s'inspira pour combattre ce qu'il appelait l'esprit de système, ce que nous nommons spéculation, cet esprit enfin qui lui fit rechercher partout la raison suffisante et mécanique des phénomènes et lui permit ainsi de résoudre dans le sens de la réalité et de la raison beaucoup de questions qui, avant lui, avaient été à peine soulevées ou résolues d'après les formules de l'école et l'autorité de la tradition. Il est vrai qu'on pourrait aussi attribuer cette habitude d'esprit à son étude de la nature, passagèrement et accidentellement imposée par sa liaison avec madame du Châtelet. Mais il est plus exact de dire que cette étude comme cette habitude d'esprit étaient, l'une et l'autre, le résultat d'une organisation si admirablement compensée qu'elle comprenait naturellement même ce penchant : c'est avec la même supériorité de génie que le même homme aujourd'hui se jouait dans les nuances délicates du sentiment, décochait une pétillante satire, retraçait pour la scène les passions, pour l'histoire les actions humaines, que demain, avec la même ardeur, il allait poursuivre l'examen d'un théorème frontière entre la mécanique et la métaphysique, ou la découverte d'une vérité physique dans la fournaise assourdissante d'une usine, en face d'un marteau-pilon.

La première lettre de Frédéric à Voltaire est datée de Rheinsberg, 8 août 1736, et adressée à Cirey. Il ne s'intéresse d'abord qu'aux travaux poétiques, à ceux d'histoire et de philosophie que Voltaire menait de front avec ses études scientifiques, *Alzire*, *Mérope*, la *Pucelle*, le *Siècle de Louis XIV* et le traité *de la liberté*. Mais on ne tarde pas à voir combien la jeune imagination de Frédéric est saisie par l'image de la dame de Cirey qui lui apparaît entourée de cette auréole de gloire dont les rayons viennent de France, le pays de ses rêves. Il lui adresse des vers : et dans le style rococo du temps il l'appelle Vénus-Newton. Il lui envoie des présents d'ambre jaune [38]. Une correspondance s'engage entre eux. Dès lors Frédéric respire le souffle newtonien qui règne à Cirey. Il veut « se jeter tête baissée dans la physique, » et « c'est la marquise à qui il en a l'obligation [39], » résolution qu'on ne peut qu'approuver pour peu qu'on connaisse le jugement qu'il portait du système de Copernic [40]. Il se fait une bibliothèque de physique [41], étudie Musschenbrock, les *Mémoires de l'Académie de Paris*, les *Élémens* de Voltaire. Il fait construire une tour au haut de laquelle il placera un observatoire et dont le second étage deviendra une salle pour des instruments de physique. Il fait avec la machine pneumatique toutes les expériences usitées, puis il entreprend de chercher si dans le vide le mouvement d'une montre sera accéléré ou retardé, et si un pois y germera. Il a des objections contre la doctrine du vide de Newton. Il invente aussi une théorie des tempêtes au solstice d'hiver et la communique à Kirch, astronome de cette Académie, ainsi qu'aux philosophes de Cirey. Mais bientôt il la retire, comme faite à la légère; Voltaire réfute ses attaques contre le vide et la marquise lui apprend que l'expérience de la montre est une question traitée à fond par Derham de Londres et par conséquent déjà épuisée [42]. Dans une autre occasion c'est Frédéric à qui reste l'avantage. Dans son *Essai sur le feu* la marquise avait émis l'idée que le feu s'était révélé à l'homme par l'incendie des forêts que le vent avait allumé par le frottement des branches; elle avait aussi proposé une théorie pour expliquer comment l'été les ruisseaux gèlent au fond de certaines cavernes, et coulent en hiver. Sur ces deux points Frédéric l'amène à reconnaître son erreur [43]. Mais aussi là s'arrête son élan. Bientôt après il en vient à exprimer son indifférence à l'égard des mystères de la nature qu'il regarde comme impénétrables; la morale le laisserait moins froid et il annonce à Voltaire son *Anti-Machiavel*. C'était au printemps de 1739. Deux ans plus tard il avait déjà occupé la Silésie et livrait à Mollwitz sa première bataille.

Quant à Voltaire, la mort prématurée de son amie devait bientôt après refroidir aussi son zèle pour les mathématiques et la physique; puis vint Clairault pour lui donner le conseil d'abandonner la science aux gens qui n'étaient pas à la fois de grands poëtes [44] : aussi n'est-il guère probable que quand il fut l'hôte de Frédéric à Sans-Souci, il ait été entre eux beaucoup question de physique, et malgré la présence de la Mettrie, il nous faut supposer un autre sujet de conversation entre Frédéric et Voltaire dans l'admirable tableau de M. Menzel. Tout en admettant avec M. Sainte-Beuve, qu'«il y avait en Frédéric un homme de Lettres préexistant à tout, même au roi[45]», nous ajoutons que dans la vie, il fut roi avant toute chose. Ce qu'il cherchait chez Voltaire, ce n'était pas l'intelligence de la mécanique céleste ou des corpuscules qui d'après Newton composent la lumière, c'était à la fois le commerce de la poésie dont il se faisait un délassement agréable, et celui d'une amitié sympathique à laquelle son âme pour être forte, n'était pourtant pas insensible, et qui le devait soutenir dans sa carrière de roi moderne entreprise avec une résolution si sérieuse, si virile. Cette amitié, il la chercha et il la trouva dans Voltaire, même après le trouble passager jeté dans leurs relations, trouble qui naquit du choc de deux caractères qui ne pouvaient sans se heurter demeurer longtemps en présence. C'est pourquoi, s'il est vrai que les exploits de Frédéric n'ont pas fait seuls la grandeur de la Prusse, grandeur qui ne trouve pas moins son explication dans le principe de vie qu'il fit circuler dans les veines de son peuple, dans cet esprit de dévoûment à la cause commune, d'accomplissement du devoir, de liberté de conscience, de justice, qui joint à la fierté légitime du passé l'effort courageux pour conquérir l'avenir, et qui se communiquait du roi au plus humble citoyen; si donc cet esprit dont le monde vient de sentir de nouveau le souffle vivant a eu aussi son influence sur les destinées de la Prusse, alors on peut affirmer que notre patrie doit quelque chose de son éclat à ce Français illustre dont l'amitié pendant près d'un demi-siècle, que dis-je au delà du tombeau, a donné à Frédéric l'assurance, si propre à soutenir son énergie, qu'il était en communion d'idées et de principes avec celui qui tint dans son siècle le sceptre de la pensée!

Parmi les astres sans nombre qui brillent au firmament de gloire du dix-huitième siècle et les effaçant tous de leur éclat, Frédéric et Voltaire, pour hasarder à notre tour une métaphore empruntée à la science, semblent l'une de ces doubles étoiles dont les deux soleils lancés dans l'espace en sens contraire et émettant des rayons de couleur complémentaire, se meuvent éternellement autour de leur centre de gravité commun. Tels Frédéric et Voltaire jetés dès le début dans des carrières différentes, atteignant au faîte de la gloire, l'un comme homme de guerre et d'État, l'autre comme penseur et poëte, emportés même un moment par la fougue des passions à se combattre et à se fuir, sont toujours ramenés l'un vers l'autre par ce centre de gravité idéal qui détermine leur marche victorieuse : la liberté de de la pensée et le génie de l'humanité.

NOTES

---

* 1. Éloge historique de madame la marquise du Châtelet. Œuvres complètes de Voltaire, etc. Hambourg, etc. 1792, t. LXVIII, pag. 76.

2. *Lives of men of Letters of the time of George III.* London and Glasgow, 1855, pag. 83.

3. *History of Civilisation in England*, vol. I. London, 1858, pag. 736.

4. *Geschichte der französischen Revolution*, etc. Herausgegeben von Oncken, Berlin, 1867, pag. 32.

5. (Mme DE GRAFIGNY). *Vie privée de Voltaire et de madame du Châtelet pendant un séjour de six mois à Cirey.* Paris, 1820.

6. *Œuvres de* FONTENELLE, etc. Nouvelle édition. Paris, 1792, t. IV, pag. 23.

7. JACQUIER et LE SEUR. Leur publication précéda de beaucoup celle de la marquise DU CHATELET : leur commentaire parut en 1739, et celui de la marquise, après sa mort seulement, en 1759.

8. VOLTAIRE. *Journal des Sçavans.* Juillet 1738. t. CXV,

pag. 431. — V. aussi le même ouvrage. Décembre 1738, t. CXVI, pag. 551.

9. *Éloge de M. de la Condamine*, dans les *Éloges des Académiciens de l'Académie royale des Sciences*, etc. Berlin, 1799, t. I, pag. 242. — Comp. *Journal des Sçavans*. Décembre 1738, t. CXVI, pag. 463.

10. Aux *Élémens* est ajoutée une : *Défense du Newtonianisme*. Réponse aux objections principales qu'on a faites en France contre la philosophie de Newton (1739). *Œuvres complètes*, etc., t. XLII, pag. 257. — Une appréciation exacte des travaux de Voltaire sur Newton se trouve dans les œuvres de lord Brougham, *l. c.* pag. 49-56. — M. SAINTE-BEUVE, dans ses *Causeries du Lundi* (t. XIII. Paris, 1858, pag. 13), a depuis attiré l'attention sur une lettre de Voltaire à Pitot, (*Lettres inédites de Voltaire recueillies par M. de Cayrol*, etc. Paris, 1856, t. I, pag. 67), qui montre qu'au 31 août 1736, Voltaire et son amie ne savaient pas encore ce que c'était qu'un sinus. Tout ce qu'on en peut conclure à mon avis c'est que tous deux, et surtout la marquise ont acquis avec une rapidité surprenante les connaissances qui leur faisaient défaut.

11. *G. G. L. Brevis Demonstratio erroris memorabilis Cartesii et aliorum circa legem naturæ, secundum quam volunt a Deo eamdem semper quantitatem motus conservari; qua et in re mechanica abutuntur.* Acta Eruditorum anno 1786 publicata, pag. 161.

12. *G. G. L. Specimen dynamicum, pro admirandis naturæ legibus circa Corporum vires et mutuas actiones detegendis, et ad suas causas revocandis. Ibid.* 1695, pag. 145.

13. *L. c.* Préface, pag. XVI et suiv. — Comparez MONTUCLA, *Histoire des Mathématiques*, etc. Nouvelle édition, etc. Paris, 1802, in-4°, t. III, pag. 641. — Les observations de d'Alembert ne paraissent pas avoir été encore connues de Kant lorsqu'il écrivit ses *Gedanken von der wahren Schætzung der lebendigen Kræfte*, etc. (Kœnigsberg, 1746).

14. *Optice : sive de Reflexionibus*, etc. Authore Isaaco Newton etc. Latine reddidit Samuel Clarke, etc. Londini, 1706,
in-4°, pag. 341.

15. *Institutions Physiques de Madame la marquise* DU CHAS-
TELLET, *adressées à Monsieur son Fils*. Nouvelle édition, etc.
Amsterdam, 1742. — Ce livre contient encore la « Réponse à
la lettre de M. de Mairan sur la question des forces vives. » —
« En distinguant, dit la marquise en terminant ses Institutions,
« comme a fait M. de Leibnitz, la quantité du mouvement et
« la quantité de la force des corps en mouvement, et en faisant
« cette force proportionnelle au produit de la masse par le carré
« de la vitesse, on trouve que quoique le mouvement varie à
« chaque instant dans l'Univers, la même quantité de force vive
« s'y conserve cependant toujours ; car la force ne se détruit
« point sans un effet qui la détruise, et cet effet ne peut être
« que le même degré de force communiqué à un autre corps... :
« la force ne sauroit donc périr en tout, ni en partie, qu'elle ne
« se retrouve dans l'effet qu'elle a produit, et l'on peut tirer de
« là toutes les Loix du mouvement... Quant à ce qui se passe
« entre des corps incapables de restitution, c'est là un de ces
« cas où il n'est pas aisé de suivre la force vive, parce qu'elle
« a été consumée à déplacer les parties des corps, à surmonter
« leur cohésion, à rompre leur contexture, à tendre peut-être
« des ressorts qui sont entre leurs parties, et que sait-on à quoi ?
« Mais ce qui est certain c'est que la force ne périt point, elle
« peut à la vérité paroitre perdue, mais on la retrouveroit
« toujours dans les effets qu'elle a produits, si l'on pouvoit tou-
« jours appercevoir ces effets. » Quoique les choses ne soient
pas là exactement présentées comme elles se passent, puisque ce
n'est pas la somme des forces vives, mais la somme des forces
vives et des forces de tension qui reste constante, on voit
pourtant que l'idée juste était au fond de la pensée de l'auteur.

16. *Exposition du livre des Institutions physiques, dans lequel*

on examine les idées de Leibnitz. Œuvres, etc., t. XLIII
pag. 89.

17. *Rapport fait à l'Académie des Sciences* par MM. Pitc
et Clairault, le 26 d'Avril 1741, sur le Mémoire de M. de Vo
taire touchant les forces vives. Œuvres, etc., t. C, pag. 219
— Comparez, sur le mémoire de Voltaire, Montucla *l. c.*; -
Whewell, *History of the inductive Sciences,* etc. A new ed
tion, etc. London, 1847, t. II, pag. 90 ; — Maury, *l'ancienn
Académie des Sciences.* Paris, 1864, pag. 155 et suiv. — Sur l
question de la mesure des forces, voyez encore Voltairi
Élémens, t. XLII, pag. 81; — et sur la constance des forces, l
même, *Dictionnaire philosophique,* articles : *Force physique (
Mouvement.*

18. Comparez sur la constance des forces chez les animau
Albert v. Haller dans ses *Elementa Physiologiæ Corpor
Humani,* t. IV. 4. Lausannæ, 1762, pag. 557.

19. *Leçons de Physique expérimentale.* Amsterdam, 1749
t. IV, pag. 187 et suiv. — Voyez aussi le Recueil des pièce
qui ont remporté les prix de l'Académie royale des Sciences, etc
t. IV, in-4°. Paris, 1752, pag. 7. — « Si..... perpetuò effecti
« causæ proportionalis esse debeat, » dit ici Euler, « atqu
« motûs viriumve quantitas augeri nequeat, maximè paradoxu
« certè videtur, ex minimâ scintillâ maximum Ignem enasc
« posse, etc. » — Le titre de la question était bien : « De
nature du feu et de sa propagation. » Mais il ressort du sens qu
tous les concurrents dont les mémoires nous sont parvenus s
sont accordés à donner au mot : Feu, aussi bien que d'autre
témoignages du temps que cette expression y est synonyme (
calorique ou de chaleur.

20. *Recueil des pièces,* etc., pag. 87 et 171. — Compare
Voltaire, *Mémoire sur un ouvrage de physique de madame l
marquise du Châtelet,* lequel a concouru pour le prix de l'Aca
démie des Sciences en 1738 . Œuvres, etc., t. XLIII
pag. 119.

21. *Lettres inédites* de VOLTAIRE recueillies par M. de Cay-rol, etc. Paris, 1856, t. I, pag. 93.

22. Comparez sa *Conjectura physica circá Propagationem Soni ac Luminis*, etc. Berlini, 1750. — *Histoire de l'Académie royale des Sciences et Belles-Lettres*. Année 1759, 4. Berlin, 1766, pag. 185.

23. Dans une lettre à Frédéric, datée de Cirey, 15 février 1739, Voltaire s'égaie aux dépens de la théorie de la chaleur d'Euler : « L'un dit que le feu est un composé de bouteilles »; à propos de quoi, Condorcet, qui était secrétaire de l'Académie de Paris depuis 1773, fait remarquer dans l'édition de Kehl de la *Correspondance* de Voltaire et de Frédéric (1785) que c'était véritablement non à sa théorie mais à sa formule qu'Euler était redevable du prix. Comp. *Œuvres de* FRÉDÉRIC LE GRAND, etc., t. XXI, pag. 269. — Dans sa préface aux écrits sur la Physique de Voltaire, de la même année, Condorcet renouvelle son asser-tion et n'hésite pas à affirmer que le travail de Voltaire avait mérité le prix. (*Œuvres*, etc., t. XLII, pag. 18.)

24. *Mémoires pour servir à la vie de M. de Voltaire*, écrits par lui-même. *Œuvres*, etc., t. C, pag. 280; — *Dictionnaire philosophique*, article : *Fonte; — Correspondance de Frédéric avec Voltaire* dans les *Œuvres* de FRÉDÉRIC LE GRAND, etc., t. XXI, pag. 207.

25. *Opticks : or, a Treatise*, etc., London, 1704, in-4º, pag. 65; — *Optice : sive de Reflexionibus*, etc. Authore ISAACO NEWTON, etc. Latine reddidit Samuel Clarke, etc. Londini, 1706, in-4º, pag. 224.

26. Voltaire fait même le récit suivant : « Je fis enchâsser un « excellent prisme dans le milieu d'une platine de cuivre; j'ap- « pliquai cette platine au haut d'un récipient ouvert, posé sur « la machine pneumatique; je fis porter la machine dans ma « chambre obscure. Là recevant la lumière par un trou sur le « prisme et la fesant tomber à l'angle requis, je pompai l'air « très-long-temps; ceux qui étaient présens virent qu'à mesure

« qu'on pompait l'air, il passait moins de lumière dans le réci-
« pient, et qu'enfin il n'en passa presque plus du tout. C'était
« un spectacle très-agréable de voir cette lumière se réfléchir
« par le prisme, toute entière au plancher. » Élémens de la
philosophie de Newton, etc., pag. II, ch. III, pag. 108 de l'édition citée plus haut des Œuvres complètes, etc., t. XLII. —
Comparez aussi la Défense du Newtonianisme, *ibid.*, pag. 259.
— Cette observation n'a pas été renouvelée depuis Voltaire,
du moins à ma connaissance. Les deux angles d'incidence qui
déterminent la réflexion totale d'une part dans l'air et de l'autre
dans le vide ne diffèrent à 0° sous la pression $0^m,76$ et pour un
verre dont l'exposant de réfraction est égal à 1,5 que de 54'',26.
Ne serait-ce pas un léger dérangement occasionné par la secousse
de la pompe qui, en faussant la position du prisme par rapport à
celle du rayon, aurait induit Voltaire en erreur?

27. Ce n'était pas un pyromètre, au sens moderne du mot,
mais un levier qui rendait sensible la dilatation linéaire de corps
échauffés. Comparez Madame DU CHATELET, sa thèse du concours, *l. c.*, pag. 129; — NOLLET, *leçons de physique*, etc., *ibid.*,
pag. 353 et suiv. — C'est Nollet qui, de Paris, fournit à Voltaire
ses appareils et son aide de laboratoire. *Lettres inédites*, etc.,
ibid., pag. 92 et suiv.

28. Boerhaave expliquait ainsi la perte apparente de poids
subie par les corps échauffés : il ne parle pas du courant d'air
ascendant.

29. (MADAME DE GRAFIGNY). *Vie privée*, pag. 141. — Comparez pour la thèse de concours de madame DU CHATELET,
Voltaire lui-même dans son Mémoire sur un ouvrage de physique de madame DU CHATELET, *Œuvres*, etc., t. XLIII,
pag. 119. — La traduction des *Elementa Chemiæ* de BOERHAAVE
contient un extrait des cinq mémoires couronnés, et à ce qu'il
semble d'un sixième encore de Beausobre, t. II, pag. IV et suiv.
— Un septième de Grandin a été imprimé dans le *Journal des
Sçavans*, etc. Avril 1739, t. CXVII, pag. 494. — Voyez auss

Nollet, *Leçons de physique expérimentale.* Amsterdam, 1749, t. IV, pag. 189 et suivantes, pag. 517.

30. « Une expérience bien curieuse (si elle est possible), ce « serait de rassembler séparément assez de rayons homogènes « pour éprouver si les rayons primitifs, qui excitent en nous la « sensation des différentes couleurs, n'auraient pas différentes « vertus brûlantes..... Il y a grande apparence, si cela est ainsi, « que les *rouges* échauffent davantage que les *violets*, les *jaunes* « que les *bleus*... Quoi qu'il en soit, il me semble que cette « expérience mérite bien d'être tentée, elle demande des yeux « bien philosophiques, et des mains bien exercées : je ne me suis « pas trouvée à portée de la faire, etc. » *Recueil des pièces,* etc. *Ibid.*, pag. 132.

31. Ceux qui n'ont pas trouvé place dans le *Dictionnaire* sont les trois suivants : 1. Relation touchant un Maure blanc amené d'Afrique à Paris en 1744. *Œuvres*, etc. *Ibid.*, 145 et suiv. — 2. Dissertation envoyée par l'auteur, en italien, à l'Académie de Bologne, et traduite par lui-même en français, sur les changements arrivés dans notre globe, et sur les pétrifications qu'on prétend en être encore les témoignages (1749). *Œuvres*, etc., t. XLIII, pag. 129 et suiv. — *Les Colimaçons* du révérend père L'ESCARBOTIER, etc. (1768), t. XLII, pag. 247 et suiv.

32. Dissertation..... sur les changements arrivés dans notre globe, etc., *l. c.;* — *Des Singularités de la Nature.* Ch. XI, *l. c.,* pag. 179; — *Dictionnaire philosophique*. Articles : Des Coquilles et des systèmes bâtis sur des Coquilles, et : Déluge universel; — Les Colimaçons, etc., *l. c.*, pag. 247 et suiv.

33. *Des Singularités de la Nature, l. c.*, pag. 185, ch. XIII. De la prétendue race d'anguilles formées de farine et de jus de mouton ; — Des Colimaçons, etc., *l. c.*, pag. 244; — *Dictionnaire philosophique*, article : Dieu.

34. *Des Singularités de la Nature, l. c.*, chap. IV ; — Les Colimaçons, etc., *l. c.*, pag. 242, 244, 254 ; — *Dictionnaire philosophique*, articles : Polypes, et, Serpent. — M. Milne Edwards,

dans ses *Leçons sur la physiologie et l'anatomie comparées de l'homme et des animaux* (t. VIII, Paris, 1863, pag. 303) cite par erreur Voltaire parmi les adversaires de Spallanzani.

35. Article : Géométrie. *Œuvres*, etc., t. LVIII, pag. 259, 260 ; — *Correspondance de Frédéric avec Voltaire*. *Œuvres de* FRÉDÉRIC LE GRAND, etc., t. XXI, pag. 386.

36. *Causeries du Lundi*, t. XIII. Paris, 1858, pag. 13. — Les vers dont il est question se trouvent dans l'Épitre à madame du Châtelet, par laquelle Voltaire lui dédie les *Élémens :*

> Il déploie à mes yeux par une main savante
> De l'astre des saisons la robe étincelante, etc.

37. Au dixième chant de la *Henriade*, il dit des épées de deux combattants :

> Telle on voit du soleil la lumière éclatante
> Briser ses traits de feu dans l'onde transparente, etc.

Voltaire ne se fait pas un petit mérite de cette comparaison scientifique : « Je suis, je crois, Monseigneur, écrit-il à Frédéric, le premier poëte qui ait tiré une comparaison de la réfraction de la lumière. » (*Œuvres de* FRÉDÉRIC LE GRAND, etc., t. XXI, pag. 283.288.) — Mais Shakspeare, dans le *Songe d'une nuit d'été* (acte II, sc. II) a une comparaison tirée du magnétisme qui paraît montrer que les travaux de Gilbert lui étaient connus, et Milton cite Galilée et ses découvertes alors récentes dans son *Paradise lost.* (Book I.)

38. Correspondance avec madame du Châtelet, *Œuvres*, etc., t. XVII, pag. 3 ; — avec Voltaire. *Ibid.*, t. XXI, pag. 186, 226, 238, 247, 291, 309. — (MADAME DE GRAFIGNY). *Vie privée*, etc., pag. 26.

39. Lettre à Voltaire, du 8 janvier 1739, dans les *Œuvres*, etc., t. XXI, pag. 255, 256 ; — Comparez une lettre à

la marquise du 23 janvier. Les mêmes *Œuvres*, t. XVII, pag. 13.

40. Correspondance avec Voltaire, *l. c.*, t. XXI, pag. 208, 212, 245.

41. Correspondance avec madame du Châtelet, *l. c.*, t. XXII, pag. 8.

42. Correspondance avec madame du Châtelet, *l. c.*, t. XVII, pag. 21; — avec Voltaire, *l. c.*, t. XXI, pag. 273. — Comparez *Philosophical Transactions*, etc., t. XXIV. N° 294. For the months of November and December 1704, pag. 1785.

43. Recueil des pièces, etc., *l. c.*, pag. 124, 159.

44. *Vie de Voltaire*, par CONDORCET. *Œuvres complètes*, etc., t. C, pag. 45.

45. *Causeries du Lundi*, troisième édit. Paris, 1858, t. III, pag. 186.

EN VENTE CHEZ LES MÊMES ÉDITEURS

COLLECTION DES GRANDES ÉPOPÉES NATIONALES

VALMIKI. Le *Râmâyana*, poème traduit du sanscrit par H. Fauche. 2 vol. gr. in-18 jésus . . . . 7 fr.

LES NIEBELUNGEN, poème traduit de l'allemand par Émile de Laveleye. 1 vol. gr. in-18 jésus 8 50

LE ROMAN DU RENARD, mis en vers d'après les textes originaux, par Ch. Potvin. 1 vol. gr. in-18 jésus. . . . 3 50

LES CHANTS POPULAIRES DE l'ITALIE, traduction de l'italien par Caselli. 1 vol. gr. in-18 jésus 3 50

LES EDDAS, traduction du poème scandinave, par Émile de Laveleye, précédée d'une introduction sur la formation des Épopées nationales. 1 vol. gr. in-18 jésus. . . . 3 50

KALIDASA. — Œuvres, comprenant le drame de *Sacountala*, le *Raghou-Vança*, le *Mégha-Douta*, traduction de l'indien par H. Fauche. 1 vol. gr. in-18 jésus 3 50

LA LÉGENDE DU CID, comprenant le Poème du Cid, les Chroniques et les Romances. Traduction par Emmanuel de Saint-Albin, avec préface nouvelle, de l'espagnol. 2 vol. gr. in-18 jésus. . . . . 7 .

LES POÈMES NATIONAUX DE LA SUÈDE MODERNE, traduits par Léouzon Le Duc. 1 vol. gr. in-18 jésus 3 50

LA CHANSON DE ROLAND, poème de Théroulde, suivi *de la Chronique de Turpin*. Traduction de Alex. de Saint-Albin. 1 vol. gr. in-18 jésus 3 50

CHANTS HÉROIQUES ET CHANSONS POPULAIRES DES SLAVES DE BOHÊME. Traduit sur les textes originaux, par Louis Léger. 1 vol. gr. in-18 jé 3 50

LE KALEVALA, Épopée nationale de la Finlande et des peuples finnois. Traduit de l'idiome original, annoté et accompagné d'études historiques, mythologiques, philologiques et littéraires, par L. Léouzon Le Duc. Deux forts vol. in-8° . . . . 15 .

MILTON. — Le Paradis perdu, traduction de l'anglais par Chateaubriand. 2 vol. in-18 . . . . 2 .

Bruxelles. — Typ. A. LACROIX, VERBOECKHOVEN et Ci*, boulev. de Waterloo, 42.

www.ingramcontent.com/pod-product-compliance
Lightning Source LLC
Chambersburg PA
CBHW071006280326
41934CB00009B/2189